AF242322

# LA CRISE

## EN FRANCE,

OU

## EXAMEN APPROFONDI

DE LA SITUATION MORALE ET POLITIQUE DE CE PAYS ; RENAISSANCE D'UN PARTI
QU'ON AVAIT CRU MORT ; SES PROBABILITÉS DE SUCCÈS,

PAR

## S. S. LORD BROUGHAM,

**Membre du Parlement Britanique,**

A SON RETOUR D'UN VOYAGE RÉCENT A PARIS.

TRADUIT DE L'ANGLAIS PAR VARFUGE.



## Bruxelles.

EN VENTE CHEZ L'ÉDITEUR, LONGUE RUE DES
BOUCHERS, N 25.

ET CHEZ LES PRINCIPAUX LIBRAIRES.

—

1839

# LA CRISE

## EN FRANCE.

---

### PORTÉE DE LA CRISE ACTUELLE

#### SUR LES INTÉRÊTS DE L'EUROPE.

La position actuelle de la France, depuis trois ou quatre mois, occupe l'attention de l'Europe entière. Une crise sérieuse dans les affaires du gouvernement français est devenue le sujet presque exclusif des discussions dans tous les cercles politiques, et répand une alarme d'autant plus générale qu'elle était inattendue, et que les causes qui l'ont provoquée, ne sont pas encore bien comprises.

La France, après avoir traversé les fatigantes épreuves, qui ont suivi la révolution de 1830, commençait à offrir les apparences d'une tranquillité définitive, et la dynastie d'Orléans semblait avoir pris racine dans les affections de la nation; l'Europe se confiait dans l'espérance que les mouvemens révolutionnaires de France étaient parvenus à leur terme, lorsqu'une collision entre les divers élémens du gouvernement a renouvelé tout-à-coup l'excitation, mis en péril les intérêts matériels du pays, réveillé les passions assoupies, et conduit à un état de choses qui semble couver une nouvelle catastrophe.

Les évènemens auxquels on fait ici allusion, tout importants qu'ils sont pour la France, ne le sont guère moins pour l'Europe en général, mais pour l'Angleterre ils sont du plus haut intérêt ; tel est en effet de nos jours l'intime liaison qui existe entre les divers états composant la république de la civilisation, que dans aucun d'eux, et moins en France que dans tous, il ne peut survenir aucun évènement de quelque importance, que les autres puissent regarder avec indifférence. Néanmoins de tous ces états, l'Angleterre est le plus intéressé aux destinées de la France. Quelles conséquences ne pourrions-nous pas justement redouter d'une révolution démocratique en France? Que de passions ne seraient pas réveillées parmi les masses dans notre pays, par la surexcitation inséparable d'un tel évènement? Il serait difficile à aucun homme de calculer les embarras, disons mieux, les calamités que pourrait entraîner une pareille catastrophe. Dût notre politique intérieure n'en pas recevoir une violente secousse, quel effet n'en pourrions-nous pas pressentir sur nos relations étrangères? Il est vrai que, sous le gouvernement de Louis Philippe, la France ne paraît qu'une puissance de second ordre, cherchant à garder une position neutre au milieu des luttes des autres nations ; mais qu'elle serait sa politique? quelle serait son inclination, si le pouvoir tombait dans d'autres mains? pourrions-nous espérer de trouver en elle une amie plus ferme, ou une ennemie déclarée? L'Europe, au

moment actuel jouit d'une paix profonde, et tous les sujets les plus irritants sont endormis; un court intervalle,
et nous pourrons voir le continent tout entier dans l'agitation la plus sauvage, et les questions les plus importantes
soulevées de nouveau; les intérêts anglais, dans un cas
semblable, ne resteront pas étrangers à la marche des évènemens en France; on peut donc dire que la politique de
ce pays revêt pour nous toute l'importance d'une question
domestique.

Dans de telles circonstances, non-seulement nos hommes publics, mais encore la nation, est appelée à étudier
la position actuelle de la France. Nous devons être constamment sur le *qui-vive* relativement à ce qui se passe maintenant dans ce pays, afin d'être en mesure de parer à des
évènemens rapidement entraînés vers leur maturité, évènemens qui ne sauraient manquer d'affecter les intérêts
de notre pays, mais qui, s'ils nous surprennent à l'impro-
viste, peuvent nous entraîner par leur impétuosité, et nous
rendre victimes d'éventualités qu'une prudence opportune
nous eût pu mettre en état de maîtriser.

L'auteur de cette esquisse rapide, pendant un séjour récent dans la métropole française, a eu des occasions favorables pour observer attentivement la crise présente. Il n'a
pas tardé à voir l'étendue jusqu'où son pays se trouvait intéressé dans tout ce dont il a été témoin, et cette conviction
l'a induit à apporter l'attention la plus sérieuse à ce qui se
passait sous ses yeux. Il a obtenu accès auprès des hommes
de tous les partis, et s'est trouvé admis dans presque toutes
les coteries politiques de Paris. Avec l'œil impartial d'un

étranger il a examiné ce qu'il a vu , et il se flatte que , dégagé de l'entrave des préjugés , le succès a couronné ses efforts pour distinguer entre des griefs qui existent réellement, et ceux qui ne doivent leur existence qu'aux déclamations intéressées des factions contendantes. Dès le début même il est demeuré stupéfait sur l'étendue de l'ignorance qui règne en Angleterre, relativement au véritable état de l'opinion publique en France. Nous sommes trop enclins à emprunter nos opinions aux colonnes de la presse quotidienne, et selon qu'un journal flatte ou blesse nos sympathies générales, nous nous sentons disposés à embrasser ou à rejeter ses opinions individuelles. Toutefois , les discussions des journaux, (en France, encore plus qu'en Angleterre,) comme les professions de foi des hommes publics, sont assujetties à certaines formes de convention, qui jettent un voile sur les vues et les sentiments réels des divers partis. Leurs argumens avoués ne sont le plus souvent que des actes officiels de dissimulation, pour ceux auxquels ils veulent cacher les véritables motifs qui les font agir.

Pour apprécier la France, il est nécessaire de connaître les arrière-pensées qui se cachent sous les déclarations des partis ; sans une clef de l'énigme, on est sans cesse mystifié par les rapides palinodies et les soudains revirémens d'opinion qui se succèdent continuellement dans ce pays. Un mouvement insolite , un déplacement général d'intérêts s'est opéré chez nos inquiets et turbulens voisins dans l'espace des deux dernières années. Nos écrivains politiques continuent de parler avec déférence de partis maintenant dégénérés en coteries ; en même temps

une coterie , sans trop éveiller l'attention chez les étrangers, est peut-être devenue un parti puissant ; tel évènement laisse l'impression la plus profonde sur les sentimens de la nation française, qui  est à peine remarqué
par la presse de Londres, tandis que tel autre, bien que
commenté dans notre pays avec une assommante prolixité,
passe inaperçu et oublié dans le pays même qui l'a vu naître. On ne peut nier que quelques-uns des changemens
qui se sont opérés ces dernières années dans l'opinion publique en France, ne soient tellement extraordinaires,
qu'un étranger est fréquemment embarrassé même de les
comprendre, et qu'il n'a fallu rien moins que le témoignage
unanime des hommes les plus marquants des partis les plus
opposés, pour déterminer l'auteur à ajouter foi à leur réalité. Le fait est, que nous entrons dans un pays étranger
avec certaines sympathies politiques préconçues , dont il
nous coûte un effort de nous débarrasser, mais qui, surtout
lorsqu'il s'agit de la France, tendent à fausser le jugement ;
voilà ce qui rend si difficile à un Anglais d'apprécier la
France ; car bien que de prime abord ses institutions aient
tant de points de ressemblance avec les nôtres, à peine
existe-t-il deux pays qui forment entr'eux un contraste plus
marqué.

### CONDITION MORALE DE LA FRANCE.

Le sentiment, les opinions, et la condition sociale de la
France sont essentiellement démocratiques, sans être hostiles au maintien de l'ordre public, et d'une hiérarchie po-

litique. Il existe dans ce vaste ferment de démocratie un principe instinctif de conservation, qui peut encore devenir la base d'un gouvernement régulier. Les lois sur la propriété ont conduit à un morcellement territorial qui a créé un corps de propriétaires fonciers dont le nombre ne s'élève pas à moins de douze millions. Cette classe puissante, toute plus ou moins intéressée au maintien de l'ordre, est renforcée par une immense population commerciale et manufacturière, dont on peut dire que l'existence dépend de la continuation de la tranquillité. Dans un tel pays, tout ce qu'il est besoin pour la conservation de la paix domestique, et l'extirpation de cet esprit désordonné qui compromet son propre bien-être et celui de l'Europe entière, c'est que le gouvernement inspire de la confiance à la nation, qu'il revête un caractère de nationalité aux yeux du peuple, qu'il domine une croyance générale à une communauté d'intérêts entre la dynastie régnante et le pays dans toute son étendue. Malheureusement un tel état de choses n'a jamais encore existé depuis la chute de Napoléon. Sous Louis XVIII, sous Charles X, sous Louis Philippe, la masse de la nation n'a jamais cessé de se défier de son gouvernement, ou de lui prêter des sentimens et des vues hostiles à la chose publique ; sous l'influence de ce sentiment de suspicion, les demandes de garanties additionnelles contre l'autorité du roi ont été incessantes. Cette fatale impression, en ne faisant des libertés du peuple qu'un instrument pour renverser les gouvernemens, au lieu de contribuer au bonheur et au bien-être de tous, a valu à la démocratie française un caractère immérité d'inquiètude et de turbulence ; mais l'étude approfondie de l'histoire des vingt-cinq dernières années, convaincra tout esprit judicieux et de bonne foi que ces relations désastreuses ont leur source principale dans la position défavorable où s'est trouvée placée, pendant tout ce laps de temps, la maison de Bourbon vis-à-vis la nation française.

### LES BOURBONS.

L'aversion générale qu'inspiraient les Bourbons n'était pas exclusivement due au fait de leur retour en France à la queue des armées étrangères, qui, en paraissant les imposer comme souverains au pays, infligeaient une mortification profonde à l'orgueil national. Les Bourbons, d'ailleurs, en fondant leurs droits sur le principe de la légitimité, semblaient plutôt les adversaires que les représentans des nouveaux intérêts nés dans le pays ; ils blessaient plusieurs des préjugés et des prédilections du peuple, et n'y sympatisaient en aucune façon. La masse de la population, violemment agitée depuis 1789 jusqu'à 1815, par une série d'évènemens qui exercèrent une influence illimitée sur les imaginations, ignorait alors, comme elle le fait encore, toute l'histoire antérieure à la révolution ou à l'Empire, ou bien elle y était indifférente. Cette dernière période de l'histoire est essentiellement l'histoire du peuple français ; tous les grands événements qu'elle renferme sont

« familiers à tous et dans toutes les bouches »

Napoléon apparaît comme le héros, la personnification

de cette grande époque ; tout ce qui remonte au-delà pour le grand corps de la nation , semble se perdre dans les ténèbres du barbare moyen âge ; il le connaît fort peu, et s'en inquiète moins encore. Le nom des Bourbons, en réveillant les sympathies d'un siècle obscur et méprisé, apparut, non-seulement sans gloire, mais positivement odieux aux Français ; il leur sembla représenter des intérêts opposés aux leurs. Tout gouvernement issu de cette famille, soit de la branche aînée ou de la cadette , sera toujours aux yeux du peuple français un gouvernement contre lequel il doit se mettre en garde, un gouvernement dans lequel il ne mettra jamais sa confiance , gouvernement qu'il croira ligué avec les puissances étrangères pour l'oppression du pays. De là cette opposition constante qu'on voit se déployer à chaque acte émané du gouvernement ; de là cette hostilité incessante dans laquelle on voit l'opinion publique aux prises avec l'autorité du roi ; de là aussi la force croissante des prédilections républicaines , entretenues par des écrivains qui rejettent sur la royauté elle-même , ce qui en réalité ne provient que d'un manque de communauté d'intérêts entre la dynastie et la nation.

### BRANCHE CADETTE DES BOURBONS.

Il n'est malheureusement que trop certain, que l'aversion générale dont la Maison de Bourbon a pendant si longtemps été l'objet, est la principale source de la méfiance croissante qu'on montre en France au principe de la royauté. Néanmoins, si Louis Philippe fût monté sur le trône en

vertu du droit de succession, et à une époque de tranquillité, il eût pu faire beaucoup pour affermir la position politique de sa maison. Personnellement, il était beaucoup
moins impopulaire que les anciens membres de sa famille ;
son caractère et ses talents offraient de nombreuses garanties au pays ; et son mérite individuel, son droit héréditaire, son éducation libérale et sa connaissance des
hommes de son temps, tout se serait réuni pour attirer
autour du trône tout ce qui aurait pu lui procurer de l'é-
clat et de la stabilité. Comme chef de sa maison, il eût
été entouré de l'ancienne noblesse du pays, tandis que son
éducation libérale et les souvenirs révolutionnaires de sa
famille auraient attiré ceux que la révolution avait enrichis,
ou que l'Empire avait illustrés. Une situation aussi favorable l'eût mis en état, si non d'amalgamer les deux élémens hostiles, du moins de faire servir leurs dissentions
comme d'instrument pour la consolidation de son propre
pouvoir, car on ne peut pas concevoir un instant l'idée
que, comme Charles X, il se fût aveuglément livré entre
les mains de l'une ou de l'autre des factions rivales. Doué
de cette passive habileté, qui bien qu'inhabile à diriger les
masses, sait neutraliser un élément de résistance en lui en
opposant un autre, il serait bientôt devenu l'arbitre souverain des deux partis, et, par des alternatives de faveur et
de répression, il aurait attiré entièrement dans sa propre
sphère les pouvoirs constitués du pays et eût fait servir la
charte constitutionnelle même à l'extension de sa prérogative, et au solide établissement de l'ordre public. Si, en
un mot, il eût été possible de transplanter en France le

système parlementaire de l'Angleterre, avec toutes ses grandes maximes pratiques de liberté, peu d'hommes, dans de telles circonstances, eussent été aussi admirablement appropriés pour cette tâche, et, tout en acquérant pour lui-même la gloire de terminer la révolution française, il eût alors mérité l'estime et la reconnaissance des rois et des nations de l'Europe.

Malheureusement pour lui-même, malheureusement pour la France, et peut-être pour toute l'Europe, il n'était pas destiné à monter sur le trône par droit d'héritage ; il y fut porté par les conséquences d'une révolution, et dans des circonstances les moins favorables qui pussent exister pour l'établissement d'une nouvelle dynastie. Pourtant il n'eût pas été impossible, en 1830, de restaurer l'autorité monarchique, bien que le trône eût été abattu, et toutes les barrières de l'ordre détruites ; bien que la démocratie fût triomphante, et toutes les passions révolutionnaires déchaînées. En France, où aucun des éléments de l'aristrocatie n'existaient, ce fut sur les formes d'un gouvernement royal qu'on jeta les yeux à l'instant, comme fournissant la seule garantie au maintien de l'ordre ; c'est en effet, la tendance naturelle de toute démocratie plus particulièrement dans les pays acccoutumés aux mœurs et aux traditions de la monarchie, de chercher à se personnifier dans un seul. Aucune difficulté sérieuse ne s'opposait donc point en 1830 au rétablissement de la monarchie ; mais une tâche semblable demandait un homme qui eût pu concentrer en lui les affections de la démocratie de France, un homme qui se fût montré le représentant des senti-

mens, des intérêts, et même des préjugés du peuple ;
un tel homme le duc d'Orléans ne l'était pas. Il n'y avait
dans sa personne, dans son histoire, ni dans les liaisons de sa famille, rien qui pût le rendre propre à devenir
un souverain *populaire* (le terme est employé ici dans le
sens français) ; loin de là, son caractère, ainsi que les circonstances, tout se réunissait pour le rendre inhabile à ce
rôle. Le nom malencontreux de Bourbon, le nom insignifiant d'Orléans, n'étaient propres ni l'un ni l'autre à
échauffer l'imagination. Sa trahison contre sa famille et
son souverain lui assurait l'hostilité de tous les partisans
de la légitimité, de toutes les familles les plus distingués,
du clergé, de l'ancienne noblesse, et de tous ceux enfin
qui, directement ou indirectement avaient été les victimes
de la révolution. Comme Bourbon, et revenu en France à
la queue des armées ennemies, il ne pouvait inspirer que de
la méfiance au parti démocratique, dont il ne pouvait réveiller les sympathies qu'en lui offrant des gages illimités, et
qu'en flattant des passions et des sentiments qui, à la première tentative qu'il eût faite pour affermir l'autorité royale,
se seraient infailliblement tournés contre lui. Ainsi, dès le
début, la seule portion du peuple, de laquelle il pouvait
espérer quelque appui, se composait de cette partie de la
bourgeoisie, dont l'attention est pour ainsi dire exclussi-
vement occupée à la poursuite d'intérêts matériels, dont
la prudence et la modération tendent à la mettre en garde
contre les séductions morales, mais qui, comme le reste
de la nation française, était fortement imbue des sentiments
et des illusions de la révolution, et qui, selon toute ap-

parence, ne pouvait lui promettre qu'un appui conditionnel.

### FAUSSE POSITION DE LOUIS PHILIPPE A SON AVÈNEMENT.

Aussi Louis Philiphe, appelé au trône en 1830, par les intrigues des chefs du parti libéral, se trouvait-il, dès le début même, placé dans une position éminemment fausse. Jeté, comme par hasard, au milieu de la démocratie de France, qu'il n'avait aucune qualité pour représenter, deux voies seulement lui restaient ouvertes : rallier cette démocratie autour de lui, ou la subjuguer. Dénué de toute influence morale ou de tout prestige personnel, il semblait une unité isolée dans le grand mouvement révolutionnaire de 1830, sans avoir rien à offrirqui pût lui concilier le bon vouloir de la démocratie. Pour en rallier autour de lui les membres, il lui eût fallu accepter leur *programme;* il lui eût fallu carresser les ardentes passions de la populace, parti qui l'eût infailliblement jeté dans toutes les chances d'une guerre générale. Plus la méfiance qu'il inspirait était grande, plus les garanties exigées de lui auraient été démesurées. Un tel parti, en enveloppant l'Europe dans une conflagration générale, l'eût peut-être rendu un des premiers victime de la tourmente révolutionnaire qui se serait ensuivie ; un tel parti, probablement, ne s'est jamais offert à sa pensée un seul instant.

L'alternative n'était pas moins difficile. Assujettir une démocratie enthousiaste, (enorgueillie d'une victoire ré-

cente) aux exigences de sa position individuélle, et cela
uniquement en vue de servir les intérêts de sa propre d'y-
nastie ; réduire à l'obéissance une nation enflammée par
l'esprit révolutionnaire, une nation sur laquelle il ne pouvait exercer aucune influence morale, et qui se fût montrée
de plus en plus hostile à mesure que ses vues à lui se seraient
démasquées, c'était là une tâche non moins difficile que
périlleuse, bien qu'on ne puisse nier que, dans ce qu'il a
accompli, il n'ait déployé un grand degré d'habileté. Contenir le peuple par l'influence des hommes populaires,
qu'il devait faire servir d'instrument pour arriver à ses fins,
en même temps qu'il les trompait sur ses desseins ulté-
rieurs ; gagner du temps en occupant l'attention publique
en France par des préparatifs de guerre apparents ; faire
momentanément sa cour à l'Angleterre, pour servir de
contrepoids à l'indignation des cours du Nord, qu'il pouvait cajoler ensuite, afin d'obtenir leur pardon et l'oubli
de son élévation, par le sacrifice de tous les intérêts exté-
rieurs de la France ; armer en France les diverses classes
les unes contre les autres, afin que, épuisées par ces luttes
intestines, le désir du repos et de la tranquillité pût devenir le sentiment dominant ; tels furent les moyens dont
l'emploi a pu seul réaliser le second plan.

On alléguera peut-être que l'immoralité d'une telle politique trouve son excuse dans le principe de la légitime
défense de soi-même ; mais qu'elle doit être affreuse, la
position d'une dynastie, dont les intérêts, par la force des
circonstances deviennent incompatibles avec ceux de la
nation, d'une dynastie réduite à chercher dans les états

étrangers un appui contre l'action d'une influence domestique. Une dynastie suspecte aux masses et méprisée des hautes classes, était sans contredit le plus malencontreux instrument qu'on pût trouver, pour terminer la révolution française dans un sens monarchique.

### SOUTENU PAR LA BOURGEOISIE.

Toutefois, quelque fausse que fût incontestablement la position de Louis Philippe dès le commencement de son règne, le menaçant aspect de l'époque valut à la dynastie d'Orléans, de la part de la bourgeoisie, un appui qu'elle lui eût certainement refusé dans des circonstances ordinaires. Les menaces et les armemens des puissances étrangères, les desseins avoués des républicains, les attentats à la vie du roi, les fréquenes émeutes, la présence de dangers réels, et la crainte de plus grands encore, en effrayant les capitalistes actifs de France, les firent se rallier autour du trône, ce qui forma un parti à l'aide duquel le roi put exercer une puissance quasi-dictatoriale, et contrôler la Chambre des Députés jusqu'à une latitude que ne prévit jamais la Charte de 1830. Ainsi les embarras calamiteux du pays, causés par l'élévation de la branche cadette des Bourbons, procurèrent un appui si efficace au gouvernement, qu'il fut longtemps ouvertement accusé, de prolonger ces mêmes embarras par l'agence occulte de la police.

Au reste, ce concours de la bourgeoisie, à une époque extraordinairement critique, fût un très grand bien pour le pays. Cette action réunie servit à maîtriser les factions, à tempérer les passions, et à rétablir l'ordre. Elle acquit aussi à Louis Philippe une réputation momentanée de talents et d'habileté d'un ordre élevé. Malheureusement, comme ceux qui l'entouraient, il s'abusa sur les circonstances au milieu desquelles il se trouvait placé. Ce qui n'était en réalité que l'effet naturel d'un danger commun, lui sembla être un sentiment d'attachement pour sa personne et sa dynastie. Il s'imagina vainement que puisque la classe moyenne se ralliait autour de son trône, pour étouffer les émeutes et maintenir l'ordre, elle adoptait son système, et approuvait sa politique, tant étrangère que domestique. Il semble n'avoir pas vu, que c'était aux craintes de la bourgeoisie, qu'il était redevable de son dévouement, ni que, si la garde nationale se battait dans les rues de Paris contre une population surexcitée par les appels du fanatisme et exaspérée par les privations, elles ne prenait les armes que pour la défense de ses propres intérêts, dont la conservation réclamait son premier soin, et l'empêchait d'examiner trop minutieusement la politique de tel ou tel système de gouvernement. Si Louis Philippe eût possédé ce tact, dont on lui a quelquefois fait honneur, il aurait reconnu que la classe sur laquelle il pouvait faire quelque fond, nourrissait en réalité les mêmes idées et les mêmes sentimens que le reste de la nation. Quand cette même classe s'éleva contre la dotation des princes de sa famille, et contre une pairie héréditaire, ne trahissait-elle pas assez par là sa tendance démocratique? Quand la garde nationale en 1831 manifesta un si ardent enthousiasme en



3

faveur des Polonais, ne condamnait-elle pas hautement par là même cette politique qui laissait périr la Pologne, après avoir excité sa révolte, politique que caractérise une égale trahison et de la cause des rois et de celle des peuples? Comment donc est-il advenu, que Louis Philippe ait ignoré les véritables sentimens de la bourgeoisie? Comment n'a-t-il pas senti que, une fois la tranquillité rétablie, et les questions de politique générale pouvant être discutées avec calme et en sûreté, les vrais sentimens de cette classe se manifesteraient d'eux-mêmes, et qu'il trouverait des juges sévères dans ceux-là même qui avaient été si long-temps ses instrumens dociles? Malheureusement pour lui, il semble avoir cru que la bourgeoisie s'était à jamais attachée à sa dynastie, il semble avoir cru qu'il s'était acquis des droits imprescriptibles à son obéissance et à sa fidélité; il semble, en un mot, s'être cru le souverain absolu, le représentant naturel de la bourgeoisie. Cette erreur ne pouvait que lui être funeste. Elle l'a conduit à mettre une confiance exagérée dans la force de sa position; elle l'a induit à poursuivre avec d'autant plus d'énergie son système général de politique, pour l'avancement duquel il a mis en jeu toutes les ressources de son esprit, et tous les efforts de sa diplomatie, creusant ainsi plus profondément chaque jour l'abîme que ses propres mains lui préparent.

### RÉACTION DANS LA BOURGEOISIE.

Il semble n'avoir pas prévu que, tôt ou tard, une réaction s'opèrerait nécessairement dans l'esprit public; que la dictature, dont l'avaient subitement investi des circonstances adventices, lui serait aussi inopinément arrachée ; que les élémens d'ordre qu'un sentiment de danger commun avait ralliés autour de lui, s'en sépareraient de nouveau à la cessation du danger ; que les mêmes hommes qu'il faisait servir au développement de son système, consternés enfin de voir les plus chers intérêts du pays sacrifiés à ceux d'une dynastie, tourneraient contre lui tout le poids de leurs talents et de leur éloquence ; il ne prévoyait pas, apparemment, qu'un certain esprit de corps, réveillerait tout-à-coup l'ambition assoupie de la Chambre des Députés, et inciterait ce corps à redemander l'ascendant politique qu'il lui avait prêté pour un temps ; ni que l'inconsistance caractéristique qui distingue les réactions parlementaires conduirait la branche populaire de la législature à s'armer contre sa prérogative, avec un zèle aussi outré que celui avec lequel elle s'était prosternée devant le trône au jour de leur commun danger. Tel est, cependant, le véritable état actuel des choses en France ; le présent est gros de l'avenir, et porte en soi tous les germes d'une révolution.

Que le roi fût l'objet d'une hostilité factieuse, en butte à la fois aux attaques des hautes classes et de la démocratie, c'est un fait de longue notoriété ; mais jusqu'à ces derniers temps, on croyait généralement en Angleterre que la bourgeoisie lui était fermement dévouée. Les griefs de cette classe étaient ignorés dans notre pays, mais ils viennent d'être proclamés avec des accents si élevés et si énergiques, qu'il y aurait folie à ne pas y croire, ou à vouloir dissimuler la gravité de leur caractère.

#### SES GRIEFS.

« Nous vous avons élevé au pouvoir, » s'écrie maintenant la bourgeoisie, « quoique vous fussiez un Bourbon, impopulaire auprès des masses, et délaissé par le clergé et l'aristocratie. Nous avons été prodigues de nos richesses pour votre cause ; nous avons pour vous exposé nos vies dans des conflits sanguinaires ; nous vous avons permis, par amour de la paix, de faire toutes concessions possibles aux puissances étrangères ; et après huit années de pénibles efforts, ne pouvant assurer cette paix, nous sommes toujours dans l'imminence de la guerre. Toute l'Europe est sous les armes ; dans chaque pays nous avons perdu la confiance du parti populaire, et les souverains de l'Europe, hostiles à nos institutions, épient avec soin chacun de nos mouvemens. A la vérité, ils se servent de vous comme d'un instrument pour tenir en échec l'esprit révolutionnaire dans leurs états respectifs ; mais en même temps, ils vous accablent d'humiliations, et s'affranchissent même des marques ordinaires de courtoisie que prescrit l'étiquette des cours. En vain demandez-vous leurs filles pour vos fils : La royauté que nous avons fondée, et qui nous représente chez les nations du monde, est dépourvue de splendeur, et n'inspire aucun respect. L'orgueil national du pays a subi de profondes mortifications. L'Angleterre offrait généreusement son appui, avec elle nous aurions pu défier toute la terre ; mais l'amitié de l'Angleterre, vous l'avez sacrifiée pour acheter le patronage des rois. Il en résulte que nous sommes maintenant isolés dans l'Europe , et que sans un ami ou un allié, nous sommes entièrement livrés à nos propres ressources. Même notre commerce, en faveur duquel nous attendions de votre part des efforts si puissants, a été immolé à des considérations qui vous sont toutes personnelles. L'Allemagne nous est fermée par une impénétrable ligne de *douaniers* prussiens, et nous entrons dans une crise qui menace d'anéantir le commerce du pays. A l'intérieur , nous ne jouissons pas non plus de cet ordre et de cette tranquillité, pour l'acquisition desquels on a déjà tant souffert. Dans l'espace de huit années, vous n'avez rallié aucun parti politique autour du trône; mais la majesté de ce trône a, pendant l'intervalle, été avilie par un système de corruption, par la prodigue distribution, et par la dépréciation conséquente de la légion-d'honneur ; par l'encouragement éhonté donné à des hommes flétris par des condamnations déshonorantes dans nos cours de justice. Votre trône n'est pas aujourd'hui plus fermement consolidé que le premier jour de votre règne ; toutes nos institutions sont sans force et sans autorité. Le peuple vous hait les hautes classes vous méprisent, et nous, nous sommes *las* de l'ingrate tâche de défendre votre couronne. La dynastie que nous fondâmes comme la citadelle de notre constitution, est dans un besoin constant de nos secours pour protéger son existence. La royauté, qui devait être pour nous une garantie de force et de stabilité, est devenue une source de faiblesse , une cause constante d'agitation. Tels ne sont pas les résultats que nous attendions de votre élévation, ni ceux que vous aviez promis de nous obtenir. »

Tel est le principe de la crise présente. Elle est une réaction contre le système du gouvernement du roi; une réaction contre sa politique étrangère, contre son gouvernement domestique, contre cette corruption et cette prodigalité, qui ne sont devenues que trop notoires par suite de nouvelles mesures légales d'une nature déshonorante. Une opinion qui s'accrédite constamment parmi la bourgeoisie, c'est que les mauvais résultats dont elle se plaint, ont été amenés par la prépondérance politique du roi, et que son unique espérance de redressement, c'est de circonscrire la puissance royale dans les limites les plus étroites possibles. Et il n'est pas à douter que ce but ne soit atteint. L'opinion publique se prononce ouvertement en sa faveur. Les ennemis personnels du roi travaillent à restreindre son pouvoir, comme moyen de saper son trône. Un autre parti, servile dans son admiration de la constitution anglaise, dont les élémens mêmes font défaut en France, s'efforce avec zèle de tout détruire à l'exception d'une royauté nominale, et d'établir un système qu'il essaie de formuler dans cette phrase « *le roi règne et ne gouverne pas* » et tandis que la multitude, par le seul amour du changement, applaudit à un principe qu'elle ne comprend pas, ces hommes inquiets et ambitieux, qui s'agitent en ce moment pour leur propre élévation, voient dans la dégradation de l'autorité royale, un moyen commode d'écarter l'unique obstacle qui s'oppose à leur avancement.

## POSITION CRITIQUE DU ROI.

Le roi est pleinement convaincu de la position critique

dans laquelle il se trouve, et toutes ses ressources secrètes, sa fortune privée, et son patronage public, tout est employé pour neutraliser l'influence de l'opinion publique dans les Chambres. En agissant ainsi, il ne lutte pas uniquement pour la prédominance de ses maximes politiques, il combat pour l'existence de son trône, et pour la permanence de sa dynastie. Le roi craint que, une fois vaincu par l'opposition liguée contre lui dans la Chambre des députés, il ne reste plus aucun frein efficace à l'opinion publique, qui alors se ruera sur lui avec toute l'irrésistible violence d'un cataclysme imprévu. Si la *gauche* (le parti ultra-libéral) obtient les rênes du pouvoir, il craint que son influence personnelle ne soit annihilée, que toutes les relations diplomatiques qu'il a si péniblement établies, ne soient *dispersées aux vents*, et qu'il ne reste, lui, sans appui au dehors, au milieu d'une nation presque unanimement opposée aux intérêts de sa dynastie. Il craint que la réforme électorale et les autres changemens législatifs, probablement à la veille d'être adoptés par les hommes de la *gauche*, n'aient l'effet de désarmer son pouvoir, et de conférer les franchises parlementaires aux classes les plus ennemies de son trône ; le résultat qu'il appréhende, c'est que, au lieu de 100 ou 150 députés notoirement désireux de le détrôner, 300 au moins se trouveraient portés à la Chambre. Aussi sa résistance actuelle à une opposition coalisée, est-elle pour lui une question d'existence politique, plutôt qu'une lutte en faveur d'aucune maxime politique distincte. On sait qu'un instant la pensée lui est venue d'abdiquer en faveur de son fils, mais qu'il eut bientôt renoncé à ce projet. On lui fit comprendre qu'une telle mesure n'empêcherait aucunement le transfert du pouvoir politique ; qu'une telle démarche, au contraire, encouragerait les factions, en révélant la faiblesse du trône, et en substituant au roi, qui jouit d'une haute réputation d'habileté personnelle, un jeune homme dont les talens et le caractère n'inspirent aucune confiance. Ainsi force a été au roi de se convaincre qu'il faut, ou qu'il triomphe dans la lutte où il se trouve engagé, ou qu'il se prépare à voir la chute de sa dynastie.

Une autre circonstance tend à augmenter l'embarras de la position du roi. La Chambre des Députés, bien que fermement résolue à rendre nulle l'autorité du roi, est partagée sur les moyens d'arriver à cette fin ; circonstance qui produit deux impressions funestes sur l'esprit du roi. D'abord, quand même il serait disposé à céder, il reste dans l'incertitude sur quel parti il doit s'appuyer ; secondement, la division qui règne parmi ses adversaires l'encourage dans un système de résistance, au moyen duquel il espère fatiguer tous les partis, et à la fin, rallier une majorité en sa faveur. Cependant, cette position est grosse du danger le plus imminent. La chambre partagée en diverses factions hostiles, ne peut constituer qu'une majorité chancelante, éphémère, et contradictoire, tantôt en faveur d'un principe, tantôt en faveur d'un autre. Tout cela rend improbable que la crise présente touche à un terme rapproché, par le triomphe complet soit du système du roi, soit de celui de l'opposition ; et l'on doit probablement s'attendre à voir pendant plusieurs mois encore la France exposée à tous les désastreux effets d'une crise qui pénètrera chaque jour plus avant dans le cœur du système social — qui enflammera le fanatisme, et exaltera la virulence des partis; tandis que toutes les transactions commerciales seront suspendues par l'instabilité des affaires publiques : la crise commerciale, s'aggravant en raison directe de la crise politique, deviendra chaque jour plus générale et plus menaçante, jusqu'à ce qu'enfin quelque futile occurence, quelque acte irréfléchi de la part du roi, ou de celle de la Chambre, quelque évènement en un mot, inattendu et insignifiant, sera l'étincelle qui enflammera cette accumulation combustible, et alors l'explosion s'en suivra!

## APPUI PROBABLE DE LA DYNASTIE D'ORLÉANS.

Sur quel appui pourra compter Louis Philippe contre les conséquences d'une crise telle qu'on vient de la décrire? Peut-il attendre des secours de la Chambre des Pairs, de la garde nationale, ou de l'armée?

## LA CHAMBRE DES PAIRS.

Nommer la Chambre des Pairs en cet endroit, c'est tout au plus faire acte de pure courtoisie ; car de pouvoir politique cette assemblée n'en possède que l'ombre. C'est un corps dont les habitudes sont très casanières. Incapable de représenter une aristocratie qui n'a point d'existence dans le pays, elle ne représente rien du tout, et n'exerce pas la plus légère influence sur l'esprit public. Mutilée, en 1830, par un simple décret de la Chambre des Députés, dépouillée de l'illusion conférée par le principe héréditaire, dégradée aux yeux de la nation par une série de malencontreux évènemens, la Chambre des Pairs n'est qu'un rouage surnuméraire dans le mécanisme de la constitution française, qu'on tolère tant que, ne se faisant ni voir ni sentir, elle va son petit train, inoffensive et insignifiante. Ce serait un acte de pure démence à la Chambre des Pairs de tenter une collision avec la Chambre des Députés. Quelque rationelle que soit en théorie l'institution de deux chambres, l'une devant balancer l'autre, dans la pratique, un pareil contrepoids n'existe point en France ; les Députés sont tout, les Pairs rien. Le roi pourrait hasarder de s'appuyer sur les Pairs dans une lutte avec les Députés, seulement dans le cas où il pourrait compter sur la garde nationale ou sur l'armée ; il pourrait en un mot, s'appuyer sur les Pairs s'il était en mesure d'exécuter *un coup d'état,* ce qu'il pourrait faire alors tout aussi impunément sans le concours de la Chambre des Pairs.

## LA GARDE NATIONALE.

Il suffit d'une connaissance superficielle de l'opinion publique en France, pour se convaincre que la garde nationale ne trempera jamais dans un conflit contre la Chambre des Députés. C'est précisément de cette classe de la population dont la garde nationale est principalement formée, qu'est sortie dans l'origine l'opposition actuel-

lement aux prises avec le roi. La demande du droit d'é-
lection pour tout citoyen servant dans la garde nationale,
menace la base même sur laquelle est fondé le gouvernement. Le corps electoral, tout limité qu'il est maintenant,
prend une attitude d'opposition envers le roi ; la garde
nationale, infiniment plus démocratique dans sa composition, ne manquerait pas de déployer une véhémence d'opposition encore plus grande. L'esprit de la garde nationale
de Paris peut s'induire du résultat de la dernière élection
générale, où, de quatorze membre élus, dix appartenaient
à l'opposition. Quant à la garde nationale des autres parties de la France, un seul fait suffira pour faire voir l'esprit
qui l'anime. Dans toutes les villes les plus importantes,
telles que Lyon, Strasbourg, Metz, Marseilles, Greno-
ble, etc., la force civique a été dissoute, pour ne pas tenir
sur pied des armées organisées pour le service spécial de
ceux dont le but ouvertement avoué est de détrôner le
roi.

## L'ARMÉE.

L'armée demande un examen plus approfondi, vu qu'on
ignore assez généralement en Angleterre le véritable état
moral de l'armée française, ou l'influence qu'elle exerce
sur la politique du pays. Toutefois, un moment de réflexion nous convaincra, qu'une armée de 400,000 hom-
mmes, composée d'élémens vraiment nationaux, dans
laquelle chaque classe de la population est représentée,
dans laquelle des jeunes gens des premières familles, les
fils de ducs et de maréchaux de camp, ne dédaignent pas

de servir comme simples soldats, et de pertager les privations et la discipline de leurs camarades, afin d'acquérir
les qualités qu'exige le rang d'officier, — un moment de
réflexion, dis-je, nous convaincra, qu'une armée ainsi composée, dans un pays aussi instinctivement jaloux de gloire
militaire, doit, indépendamment de sa force physique,
exercer sur le peuple une influence incomparablement plus
grande que toute celle qu'on pourrait attribuer à l'armée
dans notre pays. Toutefois, cette influence morale ne paraît pas devoir être animée d'un esprit de dévouement
pour la dynastie régnante. Une armée si nombreuse, sortie
de la masse de la population, et réabsorbée par cette même
masse, lorsque, à l'expiration des sept années le soldat ren-
tre dans les paisibles devoirs du citoyen, ne peut se sous-
traire un instant à l'action de l'opinion publique. C'est un
fait acquis, que dans aucune partie de la nation, il
n'existe un esprit d'opposition au système du gouvernement du roi, moins équivoque que dans l'armée. Pour
le soldat excité par le patriotisme; et instruit à ché-
rir tout sentiment indicatif de l'orgueil national, la solu-
tion de toute question étrangère a paru une humiliation
pour sa patrie. Que ce sentiment existe dans tous les rangs
de l'armée, de nombreuses circonstances ont contribué à
le prouver. Loin, donc, de compter sur l'armée, comme
moyen de réprimer la manifestation d'un sentiment national, le gouvernement voit dans l'armée une de ses princi-
pales sources d'appréhension, une puissance devant plutôt être hostile qu'amie dans le cas d'un conflit populaire,
une puissance d'où pourrait bien émaner le premier mouvement dans un tel conflit.

Pour comprendre la condition de l'armée, il est bon de rappeler dans sa mémoire, qu'il y a dans chaque régiment un nombre considérable de jeunes gens bien élevés, qui y sont entrés comme simples soldats, et parmi lesquels on choisit généralement les officiers aspirants. Ces jeunes gens, impatients d'obtenir leurs commissions, jouissent, pendant ce temps-là, d'un ascendant absolu sur les simples soldats qu'ils sont obligés de fréquenter. C'est, généralement parlant, par ces mêmes jeunes gens que tous les principes révolutionnaires s'insinuent dans l'armée. Ils font sans cesse entrevoir au soldat la perspective d'une autre révolution. Ayant des relations intimes avec les différentes sociétés révolutionnaires, ces jeunes gens sont autant d'instrumens tout disposés pour l'exécution de tout mouvement quelconque de grande portée. Si les chefs d'un régiment, dans un cas d'alerte soudaine, n'étaient pas influencés par des sentimens révolutionnaires, des officiers d'un rang correspondant ne feraient pas défaut pour prendre leurs places, et pour entraîner après eux la masse des soldats par l'influence des officiers non-commissionnés. De plus l'armée est mécontente de l'état dans lequel on la maintient aujourd'hui ; son inactivité actuelle et la tâche sans gloire de faire les fonctions d'une police urbaine dans les grandes villes, forment un contraste mortifiant avec les brillantes traditions de l'empire ; les privations du soldat, résultant de l'insuffisance de sa paie, et la perspective lointaine d'un avancement pour l'officier, sont des sujets de plainte constante ; il est difficile à un étranger de concevoir jusqu'à quel point ces sentimens agissent sur l'esprit militaire des Français. Ce qui a paralysé jusqu'ici les élemens de révolte, c'est le fait que l'armée n'est rien moins que républicaine. Lés officiers de l'armée française, pris en masse, envisagent avec la plus profonde antipathie l'idée de tomber à la merci de ce qu'ils appellent, « *un gouvernement d'avocats et de journalistes;* » et cette crainte n'a pas peu contribué jusqu'ici à contenir l'armée. Cependant au moment actuel, un nouvel élément de danger pour la dynastie d'Orléans a surgi dans la renaissance de ces sentimens Bonapartistes qu'on croyait en général s'être éteints complètement, mais que des évènemens d'une occurence récente ont rappelés à la vie. On avait pu raisonnablement supposer que les Bonapartistes avaient cessé d'exister comme parti après la mort du fils de Napoléon, le duc de Reichstadt. Et rien n'a plus surpris l'auteur de ces pages, durant son séjour en France, que les faits qu'il a vérifiés comme se rattachant à ce sujet. Ce qu'il y a de certain, c'est que les rumeurs les plus sinistres circulent en ce moment à l'égard de l'esprit qui anime l'armée, et chaque jour il se fait des découvertes qui attestent l'existence d'une disposition extrêmement dangereuse pour le gouvernement du jour. Un fait de longue notoriété, c'est que la mémoire de Napoléon est presque devenue l'objet d'un culte pour le soldat français, que les traditions de l'Empire se conservent religieusement dans les divers corps, et que le nom de l'Empereur continue d'être chéri avec un enthousiasme sans relâche; mais on avait ignoré jusqu'à ces derniers temps, que l'armée nourrit l'espérance de relever l'aigle impérial à la place du coq gaulois, et que les officiers et les soldats sont dans l'habitude journalière d'établir une comparaison entre les deux oiseaux de Mars, dans les termes les plus humiliants pour la maison d'Orléans ; on ignorait aussi qu'il existe dans l'armée un parti nombreux et puissant dont le but est de rétablir l'Empire dans la personne d'un membre de la famille Napoléon, un parti dont les adhérents ne sont pas limités aux masses de l'armée, mais peuvent se rencontrer parmi les chefs du rang le plus relevé dans la hiérarchie militaire.

Nos lecteurs ne peuvent pas encore avoir oublié l'affaire de Strasbourg, arrivée en 1836. Elle n'excita qu'un intérêt passager en Europe, mais elle réveilla la plus vive solicitude chez le gouvernement français. Il était bien difficile en effet de nier l'importance d'un évènement qui faisait voir combien était faible le sentiment d'attachement dont l'armée était animée, puisqu'un jeune homme, personnellement inconnu avait pu, par la magie de son nom, détourner plusieurs régimens de leurs devoirs d'obéissance aux autorités établies. On nous a assuré que les officiers et les artilleurs, lors de leur répartition dans les divers corps de l'armée, comme mesure de discipline, furent accueillis avec les plus chaudes démonstrations de sympathie, tandis que les officiers qui avaient résisté à l'attentat, bien qu'encouragés de toute manière par le gouvernement, furent évités par leurs camarades, et chassés de régiment en régiment, jusqu'a ce qu'enfin ils se virent obligés de chercher de l'emploi dans les corps africains indigènes de la station d'Alger. Si tel est, au surplus, l'esprit qui anime l'armée, et nous pourrions citer à l'appui une foule d'anecdotes bien attestées, il est évident que ce serait le comble de l'imprüdence au roi de compter sur l'armée comme instrument pour l'exécution d'*un coup d'état.*

Le roi voit donc en ce moment une réaction décidée chez la bourgeoisie contre son système ; il sent qu'une victoire a été remporté par l'opposition parlementaire, qui cherche à annuler son autorité, tandis qu'une partie a ouvertement en vue son détrônement ; il se trouve environné d'ennemis dans les hautes classes : il sait que les masses lui sont hostiles ; il ne peut tirer aucun parti de sa chambre des Pairs ; il ne peut pas non plus compter sur la Garde Nationnale ni sur l'armée. — Le roi, dans de telles circonstances, on peut bien le dire, se trouve dans la situation la plus menaçante qu'il puisse y avoir pour sa dynastie.

## POSITION DES PARTIS.

### LE PARTI RÉPUBLICAIN.

Dans de semblables conjonctures, la position des différens partis hostiles au gouvernement mérite la plus sérieuse attention. Un fait digne de remarque, c'est que, plus la situation de la dynastie d'Orléans devient critique, moins les divers partis se tranchent, se dessinent. Le but de cette manœuvre ( si on peut l'appeler de ce nom ), c'est de ne rien faire qui puisse interrompre les progrès de la crise présente, ou en arrêter les développemens par quelque acte violent ou intempestif, dont la conséquence inévitable serait d'alarmer de nouveau la bourgeoisie, et peutêtre de détourner l'attention de la lutte parlementaire. Le parti républicain, en ne s'offrant pas brusquement aux

régards du public au moment actuel, est mu en quelque
sorte par la conviction qu'il a de sa propre faiblesse, et du
discrédit où il est tombé auprès d'une grande majorité de
la nation.

Les républicains, comme tout autre parti, ont un double principe d'existence : les doctrines qu'ils avouent, et
les sentimens et les passions dont ils suivent l'impulsion.
Leurs sentimens sur la politique étrangère et la politique
intérieure sont ceux de toute la démocratie française : un
patriotisme exagéré, hautement susceptible sur toute question étrangère, et plein de défiance envers la dynastie
d'Orléans, et les Bourbons en général ; et enfin, un amour
passionné de ce qu'ils dénomment liberté et égalité. Par-
tageant ainsi les sentimens de la masse de la nation, on
pourrait supposer le parti républicain capable de conduire
le pays entier ; cependant les doctrines du parti, c'est-à-
dire, leurs vues touchant la forme de gouvernement la
plus couvenable, sont généralement décréditées, étant
considérées par la nation entière comme une ingénieuse
utopie ou comme des spéculations chimériques, qui dans
la pratique seraient extrêmement dangereuses pour la
tranquillité domestique et les relations extérieures de la
France. Les futiles attentats de ce parti, son manque to-
tal de chefs habiles, ses divisions intestines, et ses doctrines exagérées, tout s'est réuni pour affaiblir son influence, jusqu'à ce qu'il soit devenu un simple instrument
bon pour renverser les institutions existantes, mais totalement impuissant pour en reconstituer d'autres. Une très
large portion du parti républicain est telle, moins par aucun amour abstrait quelconque des doctrines qu'elle pro-

fesse, que par un sentiment d'hostilité contre le gouvernement, et serait absorbée dans les partisans de tout
gouvernement vraiment national quelconque qui pourrait
survenir, quelle qu'en pût être la forme. — Un obstacle
efficace à l'établissement d'une république en France, c'est
le fait que la Bourgeoisie est essentiellement anti-républi-
caine, et telle est son importance dans le système social de
ce pays, que tout grand changement quelconque en opposition directe à ses sentimens, ne doit pas occuper un
instant la pensée. Pour organiser et pour établir un nouveau
gouvernement, le parti républicain est totalement impuissant; pour en mettre en péril ou renverser un déjà existant,
il n'est pas sans moyens; car il renferme dans ses rangs
des hommes de l'audace la plus téméraire et la plus insou-
ciante, et les passions énergiques qu'il peut à son gré mettre en jeu, le rendent extrêmement dangereux pour la dynastie d'Orléans.

## LES LÉGITIMISTES.

La position particulière du parti républicain forme la base
de celui des Légitimistes. Ceux-ci n'ont aucun espoir de
renverser le gouvernement établi, mais ils espèrent retirer
tout le fruit de chaque victoire que peut remporter éven-
tuellement le parti républicain. La composition entière du
parti légitimiste le rend impropre à aucun système offensif.
Il est formé des débris de l'ancienne noblesse, du clergé,
des fonctionnaires publics que la révolution de 1830 a
privés de leurs places, des gentillâtres ou moyens propriétaires dans les provinces, classe nombreuse, privée de
l'influence locale exercée jadis par elle; et en général de

tous ceux dont les intérêts ont été froissés en quelque manière par suite de la dernière révolution. Numériquement
les légitimistes forment une quasi-imperceptible minorité
dans le pays, mais leurs ressources pécuniaires sont consi-
dérables ; ils ont tout ce que l'argent a pu leur procurer :
des journaux, des publicistes, d'habiles défenseurs, des
chefs politiques, et — un système d'organisation. C'est ce
système d'organisation qui trompe l'œil des étrangers, et
les conduit à former une évaluation beaucoup trop élevée
de la puissance et du nombre des légitimistes. Sans doute,
ils causent à la dynastie d'Orléans un dommage très étendu,
en la privant du soutien de certaines familles qui donne-
raient de la splendeur à la cour, et en nourrissant parmi
une portion du peuple, des sentiments de haine et de
mépris contre l'ordre de choses actuel ; mais leur influence
sur l'avenir est d'une complète insignifiance. C'est un état
major bien équippé, mais sans effectif de troupes à
conduire au combat. Il se sont flattés pour un temps de
la persuasion, que les populations de certaines provinces
de l'Ouest étaient pour eux, mais quarante années ont
opéré de prodigieux changemens dans le caractère et les
mœurs de ces provinces, où une race fanatique marchait
jadis, avec une obéissance aveugle, sur l'appel de ses nobles et de son clergé. Le caractère du clergé a changé, et
la *noblesse* a disparu comme dans les autres parties du
pays. Du moins a-t-elle cessé d'être riche, par suite du
morcellement, qui a eu lieu, de la propriété, et tels qui,
jadis, étaient ses vassaux, sont maintenant ses rivaux. Les
villes sont devenues les points centrals de communautés
industrieuses et prospères, et un esprit de réaction s'est

manifesté parmi elles, tellement qu'elles sont devenues hostiles à la famille de leurs anciens rois, plus peut-être qu'aucune autre partie du royaume. La population des campagnes est seule demeurée dans un état d'ignorance, mais elle n'a pas laissé, toutefois, de ressentir l'influence sous laquelle ses cités ont grandi en importance ; ses plaines ont été sillonnées par des routes et par des canaux, et, cédant à l'impulsion libérale du siècle, elle a perdu son originalité et son fanatisme, au point qu'elle a pu résister, ces dernières années, à toutes les fascinations et aux séductions dont l'ont assaillie les partisans de la légitimité. Il pourra suffire de rappeler à nos lecteurs l'expédition de la duchesse de Berry, pour les convaincre que les provinces dont il s'agit, ne fourmillent plus aujourd'hui de champions tout prêts à se mettre en campagne pour la défense de la cause légitimiste.

Les légitimistes eux mêmes connaissent parfaitement la nature de leur position. Ils savent qu'ils ont contre eux la bourgeoisie et le gros de la nation ; mais ils spéculent sur les succès du parti républicain, et font tout ce qui est en leur pouvoir pour en favoriser le triomphe, en se joignant aux clameurs de ce parti en faveur du suffrage universel. Ils se flattent que, si le gouvernement actuel venait à être renversé, il serait difficile d'établir à sa place quelque autre autorité, qu'il s'en suivrait un interrègne de désordre, où la bourgeoisie, effrayée par le triomphe des démagogues, épouvantée par la perspective d'une guerre générale et de ses conséquences inévitables, perdrait insensiblement son animosité contre la légitimité, et chercherait enfin, dans une troisième restauration, sa seule garantie contre une désorganisation politique générale.

Telle fut en effet pendant quelques années la position de la bourgeoisie, que, dans le cas où la Branche cadette des Bourbons serait renversée, il ne lui restait qu'à choisir entre une république et une restauration ; l'une et l'autre répugnant également à son amour-propre. Celle-ci l'eût replacée sous l'influence de l'ancien régime ; l'eût assujetie encore une fois à la noblesse et au clergé ; celle-là, eût fait triompher les principes de l'anarchie, et par là eût porté un terrible choc à tous les intérêts de l'industrie et du commerce. Dans cette alternative la bourgeoisie voyait avec effroi, que ses intérêts matériels seraient sacrifiés par la république, ses intérêts moraux par le retour de la légitimité ; si l'une la dépouillait de sa richesse, l'autre la menaçait d'une répétition des humiliations auxquelles elle avait été assujettie pendant les jours de la restauration, où ses citoyens les plus distingués, et les plus respectés, les Lafitte et les Casimir Périer, énimens par leur fortune, leurs talens et leur caractère, se voyaient exclus de la cour, pour faire place à des nullités titrées, inconnues au peuple, également dépourvues de fortune ou de considération, et tirant à la fois leur subsistance des revenus de l'état. Le renversement de la dynastie d'Orléans eût donc placé la bourgeoisie dans une position extrêmement difficile, entre deux factions également violentes ; et les légitimistes, nonobstant leur extrême impopularité, auraient eu bien des chances en leur faveur, puisque la bourgeoisie eût pu espérer que, l'ordre étant une fois rétabli, elle pourrait recommencer son ancienne lutte, et ramener les choses au même état que sous la restauration.

LES BONAPARTISTES.

Telle était, il y a deux ans, la position relative des partis, telles leurs espérances, leurs craintes, et leur force respective. Mais durant ces deux années, un troisième parti, en réoccupant une large part de l'attention publique, a matériellement dérangé les relations de ceux préalablement existants. Ce n'est pas sans quelque crainte de n'être pas compris, que nous allons essayer de porter à la connaissance de nos compatriotes la renaissance toute récente d'un parti qui acquiert journellement de la force ; parti qui devient de plus en plus formidable, et duquel dans la situation critique où se trouve actuellement la France, il est bon que l'Angleterre surveille avec soin le développement, afin de pouvoir exercer sa légitime influence dans les événemens qui se préparent avec rapidité. Nous avons été nous-même quelque temps à pouvoir nous déterminer à croire à l'existence d'un parti Bonapartiste, dont la presse publique faisait à grand'peine mention, et dont il était difficile de concevoir le principe ou le but ; mais il est impossible maintenant de visiter la France, sans être frappé de l'importance de ce même parti, et force nous est donc de céder à la conviction, quelque raison que nous ayons de censurer la versatilité et l'amour du changement qui semblent inhérents au caractère des Français, pour qui l'attrait de la nouveauté est peut-être une des plus puissantes recommandations du Napoléonisme. Quoiqu'il en arrive, notre tâche à nous est de passer en revue les circonstances qui ont rappelé à la vie un parti qu'on croyait être mort avec le Duc de Reichstadt, et nous tâcherons d'en rechercher les élémens de force et les probabilités de succès.

Sous la restauration, les Bonapartistes étaient la vie et l'âme de toute l'opposition libérale ; mais en 1830 les fruits de la victoire furent ravis de leurs mains, en partie à cause de l'absence du duc de Reichstadt, en partie à cause de la défection des chefs qui furent gagnés secrètement aux intérêts de la dynastie d'Orléans. Toutefois, le parti n'abandonna pas ses espérances, et dès que les premiers momens d'illusion furent passés, dès que les Bonapartistes se furent remis de la surprise où les avait jetés la soudaineté de la révolution de juillet, ils se préparèrent à saisir les rênes du pouvoir. Nous apprenons par la brochure de M. Laity, et le fait a été corroboré, non-seulement par diverses autres publications, mais par l'assurance personnelle de plusieurs officiers français de distinction, qu'en 1831, un vaste complot étendit ses ramifications sur toute la France ; des corps entiers, avec des généraux et des colonels à leur tête, attendaient impatiemment l'arrivée du duc de Reichstadt, avec qui le général Lamarque, chef de la conspiration, entretenait une correspondance active, par l'intermédiaire du prince Louis Napoléon, qui alors résidait en Allemagne, et avait trouvé moyen de se mettre en communication avec son cousin. Le Prince Metternich, qui surveillait de près les démarches du fils de Napoléon, ne tarda pas à pénétrer le complot qui se tramait, et sa vigilance redoublée détruisit toutes les espérances qu'avaient pu concevoir les partisans du jeune Duc, de le voir en France en propre personne. Plusieurs généraux français proposèrent alors que Napoléon II autorisât son cousin Louis

Napoléon à se mettre à leur tête, en son nom et comme son lieutenant. Tel était l'état des choses, quand la mort imprévue du Duc de Reichstadt renversa tous ces calculs, et disloqua entièrement le parti Napoléonien, dont les fragmens épars se perdirent pour un temps parmi les républicains, les légitimistes, et même les partisans de la maison d'Orléans. On pouvait naturellement prévoir ce résultat. Les traditions, les espérances, les droits acquis de l'Empire, se concentraient dans la personne du Duc de Reichstadt, et s'éclipsaient à sa mort. Le reste de la famille impériale proscrite était disséminé en Europe et en Amérique, et était ignoré ou oublié du public. Il paraît, cependant, que Louis Napoléon Bonaparte, à qui ses partisans, depuis la mort du Duc de Reichstadt, avaient donné le nom de Prince Napoléon, ne considéra pas la dissolution du parti comme finale et irréparable. Comme unique fils survivant de Louis Bonaparte, il était, suivant la constitution impériale, l'unique neveu de Napoléon qui pût aspirer à la couronne, le seul qui fût né sur le trône pendant la plus brillante époque de l'Empire. Cette position attirait naturellement l'attention de ceux qui étaient demeurés fidèles au parti. — Toutefois, on ne pouvait plus dire que les Bonapartistes existassent, comme parti ; car, depuis la mort du Duc de Reichstadt, tous les membres de la famille Napoléon étaient également inconnus des masses. Cependant, Louis Napoléon, aidé des liaisons qu'il avait formées dans le temps qu'il agissait comme délégué de son cousin, et de quelques-uns des débris de la grande conspiration de 1831, eut l'audace d'entreprendre le renversement du gouvernement français ;

et dans cette vue, il s'efforça de se rendre maître de Strasbourg, croyant, comme il l'a déclaré lui-même, qu'une
fois qu'il eût été en possession de la place, tous les sentimens Bonapartistes du peuple se seraient tout-à-coup ré-
veillés.

Quelles qu'eussent pu être les conséquences du succès de
de cette entreprise, si elle ne conduisit pas à un résultat ma-
tériel immédiat, elle produisit un résultat moral immense.
Elle porta un coup terrible au gouvernement français aux
yeux des puissances étrangères, et en France elle réveilla
toutes les sympathies attachées au nom impérial ; lesquelles
sympathies furent encore renforcées par l'acquittement
des prisonniers de Strasbourg. Les habitans de la ville
étaient agités par les évènemens qui étaient survenus ; l'esprit Napoléonien se réveillait parmi eux, et le jury, qui
devait juger les prisonniers, se laissa entraîner par le sentiment dominant. Ce verdict produisit une sensation profonde dans toute l'Europe ; on sentit que la dynastie impériale s'était réveillée ; et Louis Napoléon fut dès lors
regardé comme un prétendant de quelque importance.

Telle était la situation des Bonapartistes, lorsqu'en 1838,
une brochure fut publiée, pour expliquer l'affaire de Strasbourg, et révéler certains mystères qu'il était de l'intérêt
du parti de faire connaître. Cette brochure produisit une
sensation profonde, qui fut considérablement augmentée
par l'acte impolitique du gouvernement, en déférant l'auteur à la Chambre des Pairs. On commença alors ; et non
sans cause, à entretenir la crainte de voir éclater des insur-
rections militaires dans quelques-unes des villes de l'Est du

royaume, où le voisinage de Louis Napoléon, qui était alors en Suisse, alimentait un degré d'excitation fort dangereux. Embarrassé par l'urgence du cas, le gouvernement réclama de la Suisse l'expulsion d'un hôte si redoutable. Les négociations qu'entraîna cette demande sont trop récentes pour avoir été oubliées ; elles occupèrent exclusivement l'attention publique en France pendant deux ou trois mois, et contribuèrent plus qu'on ne pourrait le penser, à l'accroissement et au développement du parti Bonapartiste. Tous les hommes qui réfléchissent, non-seulement en France, mais dans toute l'Europe, en tiraient naturellement la conséquence, qu'il fallait qu'il s'agît des causes les plus sérieuses, pour induire un homme tel que Louis Philippe, qui avait fait au maintien de la paix tous les sacrifices imaginables, à recourir à tous les moyens hors une guerre, pour obtenir l'éloignement d'un jeune homme des frontières du royaume. Louis Napoléon, en s'exilant de son propre mouvement, eut sans contredit le mérite de prévenir une collision entre deux nations amies.

Ces circonstances, aggravées sans doute par les bévues du gouvernement français, ont contribué, pendant l'espace de plus de deux ans, à tenir l'attention publique constamment fixée sur un membre de la famille Bonaparte. Bien des passions et des sympathies se sont par ce moyen ranimées, et il s'est formé rapidement un parti, qui inspire à la dynastie d'Orléans des craintes sérieuses et incessantes. Ce parti, à mesure que sa force s'est accrue, a grandi en audace, a étendu la sphère de son activité, et maintenant il ose s'adresser à tous les autres partis, en vue de les réunir

en un seul corps. Aux partis républicain et démocratique,
les chefs des Bonapartistes adressent des argumens à peu
près tels que ceux-ci : « Que vous importe, à vous, la forme
du gouvernement ; c'est son *esprit* qui est votre objet. Fort
bien ! nous assurerons le triomphe de vos intérêts et de vos
droits. La démocratie romaine, à la mort de César, se trou-
vant sans chef, choisit Auguste, neveu du dictateur, pour
la représenter. De même aussi votre cause sera représentée
par une bannière vivante, dans la personne du neveu de
votre propre César, l'Empereur Napoléon, que vous aimiez
avec tant d'affection, et duquel vous révérez si religieusement la mémoire. Sous l'aigle impérial, et stimulés par le
cri de guerre bien connu de *vive l'Empereur*, vous redevien-
drez un jour la grande nation. Et il n'y en aura pas un seul
d'entre vous qui, avec du courage, du mérite, et des talens,
ne puisse espérer d'atteindre aux plus hautes dignités de
l'état. » A la *bourgeoisie*, ou classe moyenne, ils tiennent ce
langage : — « L'ordre et la stabilité sont les objets de vos
vœux. La dynastie que nous cherchons à placer sur le
trône, étant une dynastie populaire, et gardée par les affections du grand corps du peuple, sera respectée par ce
peuple, et aura non-seulement la volonté, mais aussi le
pouvoir, de faire respecter votre industrie, et les fruits de
cette même industrie, et de vous garantir de ces explosions
d'anarchie dont vous êtes maintenant sans cesse mena-
cés. Le cri populaire, *vive l'Empereur !* exercera une influence plus magique, en charmant l'excitation de la multitude—sera plus puissant pour l'établissement de l'ordre
et de la liberté, que le mot d'ordre méprisé *vive le roi*

De nous vous obtiendrez cette stabilité, cette tranquillité, qui vous sont promises par les légitimistes ; et vous les obtiendrez sans la domination des nobles et des prêtres, sans la nécessité devous humilier devant une race que vos armes ont vaincue. Au dehors nous vous garantissons l'alliance de l'Angleterre, car les intérêts de l'Angleterre sont maintenant indentifiés avec ceux de la France ; et le support de l'Angleterre ne fera pas défaut à la France sous un gouvernement loyal et décidé. Avec l'amitié de l'Angleterre, nous pourrons mépriser les hostilités de tout le reste de l'Europe, et nous en moquer ; mais comme notre gouvernement sera fort de l'affection du peuple ; comme il rétablira l'ordre et la stabilité ; comme la dynastie impériale, châtiée par l'adversité, ne rêvera plus des projets de guerre et de conquêtes, les rois de l'Europe ne témoigneront aucune répugnance à contracter des alliances avec nous. On peut dire que le germe d'une telle alliance existe déjà dans les liens de parenté qui unissent la famille de Napoléon à presque toutes les maisons régnantes du continent. Le prince Napoléon est parent d'un plus grand nombre de souverains européens que le duc de Bordeaux. Il est sur le point d'être allié à la Russie par le mariage du duc de Leuchtenberg ; il l'est déjà à l'Autriche par sa tante, Marie Louise ; à la Suède, par sa cousine, la princesse de la couronne ; à la Bavière, par sa tante, la duchesse de Leuchtenberg ; au Wurtemberg, par sa tante, la princesse de Montfort ; au duché de Bade, par sa tante, la grande duchesse Stéphanie ; au Portugal, par sa première cousine, l'impératrice duchesse de Bragance. Ainsi donc,

la dynastie impériale, indépendamment de l'éclat dont la
revêt le nom le plus illustre de toute la terre jouira de
l'avantage de posséder des liaisons augustes, qui facilite-
ront la formation d'alliances avec les diverses puissances
de l'Europe, et qui deviendront autant de garanties de
paix et de stabilité.» Même aux légitimistes les Bonapartistes s'adressent, et leur parlent à peu près en ces termes :
« — A part ceux d'entre vous qui demeurent fidèles à une
antique croyance, et dont le seul principe politique est
un généreux dévouement, ressemblant à celui que les Ja-
cobites déployèrent avec tant de persévérance pour la
cause des Stuarts, quels sont les vues et les vœux de la
masse de votre parti ? Vous désirez la majesté d'un trône,
élevé au-dessus de la polémique des partis, environné de
splendeur, exerçant une grande autorité morale, et capable de maintenir une hiérarchie sociale qui puisse assurer
l'équilibre des diverses classes, et qui, en laissant à chacune
sa sphère naturelle, puisse harmoniser l'action de toutes.
Le principe de la légitimité, vous l'avez supposé jusqu'ici,
suffirait à la réalisation de ces vues, mais la légitimité n'est
qu'un vain mot, à moins d'être reconnue par les masses
d'une nation. L'instrument d'autorité que vous présentez
dans la personne d'un Bourbon est sans valeur, parce qu'il
a perdu son influence magique sur l'imagination du peuple. Au lieu de dépenser votre énergie en vains efforts pour
restaurer une famille trois fois chassée par le pays, que
n'imitez-vous la conduite de vos ancêtres, qui, à la place
de la race usée et avilie des Carlovingiens, portèrent sur le
trône une dynastie nouvelle, jeune et glorieuse ? Rappe-

lez-vous tout ce qu'a fait pour vous Napoléon. Il vous rendit vos biens, vous combla d'honneurs, et s'entoura de ceux d'entre vous dont les noms étaient le plus distingués. Car tout ce qui vous reste de vos richesses et de votre ancienne splendeur, c'est à lui que vous le devez, et sans sa chute, avant le temps où nous sommes, vous lui auriez eu des obligations encore plus grandes ; il possédait les moyens de vous servir, parce que personne ne le soupçonnait de partialité envers vous, parce que sa conduite n'inspirait aucune défiance. Les Bourbons, d'un autre côté, ne pouvaient rien pour vous ; car, soit tort ou raison, la nation entière ne voyait en eux que les représentans des nobles et du clergé ; aussi étaient-ils suspects à la nation ; et plus ils devenaient impopulaires, plus ils sentaient la nécessité de donner des garanties additionnelles au pays, par l'oubli ou le sacrifice de vos intérêts. Telle est l'histoire de toute révolution, telle est votre propre histoire ; et vous ne pouvez avoir oublié l'époque où la restauration fut obligée de prendre ses ministres dans les rangs des régicides. Chateaubriand, le plus illustre d'entre vos chefs, a imaginé une position que vous apprendrez chaque jour à mieux apprécier. Cet écrivain distingué, dans une lettre publiée l'année dernière, s'exprime en ces termes : — « Si Dieu, dans ses inscrutables desseins, a rejeté la race de St-Louis, alors, Prince, il n'est pas de nom qui soit mieux que le vôtre en harmonie avec la gloire de la France. »

Ainsi les Bonapartistes se flattent de l'espérance, non-seulement de pouvoir entraîner avec eux l'armée et la masse du peuple, mais encore d'incorporer dans leurs propres rangs une large portion des différens partis qui divisent le pays, en proposant l'adoption d'une nouvelle combinaison qui, sans blesser l'amour-propre d'aucun parti, sera jusqu'à une certaine étendue, en harmonie avec les sympathies de tous. Mais ce qui, en apparence, donne aux Bonapartistes un avantage sur tout autre parti, c'est la consistance qu'a prise dans l'esprit de la bourgeoisie, et plus particulièrement parmi les membres de la Chambre des Députés, le sentiment que, si le système actuel était renversé, la seule combinaison praticable qui restât, serait celle basée sur la dynastie Napoléonienne. Ceux qui désirent un changement, ceux qui en prévoient un, et ceux qui craignent et font tout ce qu'ils peuvent pour le conjurer — presque toute la Chambre en un mot, envisagent le nom de Napoléon, dans le cas d'une catastrophe politique, comme le seul *palladium* duquel ils puissent attendre protection contre la république ou les principes de la légitimité, deux extrêmes également redoutés de la nation et de ses représentants. On croit même généralement à Paris, que le voyage récent à Londres d'un officier militaire français du rang le plus relevé, voyage qui a fait le sujet de discussions embarrassantes dans le monde diplomatique, n'a été entrepris dans nul autre motif que le désir de conférer avec Louis Napoléon sur la position critique des affaires en France, et de l'avertir de ce qu'on attendrait de lui, si la France se trouvait assujettie à la calamité d'une autre révolution. Les remarques précédentes seront sans doute accueillies avec quelque surprise par le public Anglais; elles contiennent, cependant, un simple état de faits et d'opinions, dont l'existence est un sujet de notorieté générale en France.

**RÉSUMÉ DE LA QUESTION FRANÇAISE.**

Somme toute, on peut dire que la France traverse une crise, dont il est difficile de prévoir l'issue, mais qui, dans tout ce qui la caractérise, annonce devoir être décisive. Le principe de cette crise est une réaction contre le système du roi. La bourgeoisie, après avoir longtemps formé un rempart au trône, autour duquel l'avait ralliée un sentiment de danger commun, se divise maintenant de plus en plus; elle est consternée par l'aspect des affaires ; par la haine et le mépris avec lesquels les hautes et les basses classes regardent le roi ; par la position isolée de la dynastie d'Orléans ; par la difficulté de soutenir et de défendre incessamment un trône impopulaire ; par la dégradation qu'elle croit que le système du roi a accumulée sur la France ; par les funestes conséquences, qu'il est résulté pour le pays, des concessions faites à la Sainte-Alliance ; et par la corruption scandaleuse sur laquelle est basé tout le système du gouvernement à l'intérieur. La Chambre des Députés, l'organe immédiat de cette réaction, tend à annuler le roi, et le met dans la nécessité de choisir entre deux alternatives : ou de céder, et par conséquent de voir l'adoption d'un système de réforme, certain de rompre les liens par lesquels il s'est rattaché aux puissances continentales, et ainsi de perdre son unique soutien ; certain d'introduire dans la Chambre et dans tous les corps politiques de l'état une portion plus large d'élémens démocratiques, ou, en d'autres termes, un plus grand nombre d'individus voulant sa ruine ; ou bien de tenter *un coup d'état*, qui puisse le mettre à même de résister à la tendance actuelle de la Chambre, mais qui probablement le conduirait à sa propre perte, puisque détesté des basses classes, il ne peut s'appuyer ni sur la Chambre des Pairs, dont le pouvoir politique n'existe que de nom, ni sur la garde nationale de Paris, qui s'est prononcée contre son système de gouvernement, ni sur la garde nationale des grandes villes provinciales, qui s'est montrée directement hostile à sa dynastie, ni sur l'armée, qui rêve des destinées plus brillantes, et est influencée par un nom qui exerce un ascendant incomparablement au-dessus du sien sur l'imagination du soldat. Ce qui tend particulièrement à aggraver l'état de choses actuel, c'est que la Chambre des Députés, d'accord sur le but proposé, est partagée sur les moyens de l'atteindre. De là la difficulté pour aucun parti quelconque d'obtenir une majorité, et la Chambre, en continuant encore quelque temps d'osciller entre les deux systèmes, prolongera une crise, qui se compliquera journellement par les embarras commerciaux qu'elle fera naître ; double crise, en un mot, qui en définitive se terminera par une catastrophe. De ces prémisses on peut tirer la conclusion, que de tous les partis prêts à se disputer la succession de la maison d'Orléans — sur le point, apparemment, d'échapper des mains du roi, aucun ne semble réunir de plus grandes chances de succès que celui des Bonapartistes, qui a les masses et l'armée de son côté ; outre que, l'impression qui domine évidemment à la Chambre des Députés et parmi les hommes publics en général, c'est que le parti Napoléonien offre les seuls moyens de formation d'un gouvernement à la fois monarchique et démocratique, gouvernement qui, en même temps qu'il sauvera la France et de la légitimité et de la république, combinera plusieurs des avantages de ces deux systèmes, sans aucun alliage de ces rétrogradations qui, aux yeux des Français, semblent devoir enfanter des maux si sérieux.

### INTÉRÊT DE L'ANGLETERRE DANS LA CRISE.

Ce serait donc vainement qu'on chercherait à se dissimuler que ce qui se passe maintenant en France doit vraisemblablement amener des complications dangereuses pour notre pays et pour l'Europe entière. Arrêter la marche des évènemens est en dehors de notre pouvoir ; notre tâche doit donc se borner à en surveiller le cours, afin de nous tenir prêts à tourner à notre avantage les combinaisons qui se préparent, et à conjurer les malheurs dont elles nous menacent. Nous devons nous proposer un un double but : d'abord, c'est de nous ménager, dussent les choses se terminer par la fatale catastrophe que nous appréhendons, une puissante et énergique alliance avec la France ; secondement, de nous préparer à l'impression qu'une révolution dans ce pays produirait inévitablement sur notre population. Il est presque superflu de signaler les motifs qui doivent engager les deux nations, quoi qu'il advienne, de cultiver l'union la plus intime. La France et

l'Angleterre, depuis 1792 jusqu'à 1815 les deux vrais an-
tipodes du monde civilisé, ont, depuis la paix générale,
vu s'opérer une grande modification de leurs intérêts respectifs. La nouvelle balance du pouvoir, en changeant la
position relative des deux pays, a rendu évident pour
tous deux, que leur politique est de resserrer entr'eux les
liens d'amitié ; car à chaque avance de la civilisation, les
relations politiques des différents pays se règlent plutôt
d'après leurs intérêts matériels que d'après leurs préjugés
et leurs passions. L'Angleterre n'appréhende plus la prépondérance de la France sur le continent. La Russie est
maintenant le pays sur les mouvemens duquel nous devons avoir constamment les yeux ouverts. Ce n'est pas sur
le Rhin, mais sur le Danube et le Bosphore que nous devons
maintenant diriger notre attention, et comme autrefois
nous recherchâmes dans l'alliance de la Russie et des autres
puissances du continent, les moyens de contenir la domination française, de même aussi dans les intérêts changés de l'Europe nous trouvons dans la France une alliée
utile pour le maintien de la balance existante. Tellement
impératifs en effet sont les motifs qui dictent cette politique, que même un cabinet Tory, aux ordres du duc de
Wellington, écartant toute considération d'antipathie personnelle ou politique, s'empressa de reconnaître la révolution de 1830, et de lui prêter tout l'appui dont il était
capable.

La France, d'un autre côté, bien qu'encore souffrante
des blessures portées à son orgueil militaire par les évènemens qui terminèrent l'histoire de l'Empire, bien qu'en-

core frémissante au souvenir de Waterloo, nom à jamais odieux pour la mémoire d'un peuple guerrier, même la France a senti l'influence des intérêts changés ; et contrainte de chercher dans des institutions libres une consolation de sa gloire éclipsée, elle sent que l'Angleterre lui est nécessaire, pour protéger ses libertés contre les machinations des despotes ennemis. Cette conviction dissipe les préventions, et impose silence à tout sentiment de rivalité ou de jalousie.

Malheureusement, cette alliance, d'une si vitale importance pour les deux nations, n'existe pas en ce moment. De la part de l'Angleterre, tout a été fait pour cimenter cette alliance, par une ligne de conduite uniformément libérale et généreuse. — Désorganisée par une révolution, déchirée par des divisions intestines, menacée sur ses frontières par presque toutes les puissances continentales, la France fut sauvée de la guerre et de l'anarchie par l'aide puissante de l'Angleterre, et nous avons toute raison de croire que, quelle qu'ait été la conduite de son gouvernement, le peuple français ne l'a pas oublié. Louis Philippe, il est vrai, n'en a manifesté qu'un faible témoignage de reconnaissance. Tant que son existence fut en péril par les menaces des cabinets du Nord, il se prévalut de notre aide, mais à peine le péril eut-il cessé, qu'il se montra plus jaloux d'obtenir le pardon de ses ennemis à cause de son élévation, que de conserver une amitié dont il avait retiré de si importans avantages ; insensiblement il se dégagea de plus en plus de l'alliance de l'Angleterre, afin d'apaiser plus facilement l'animosité des cours du Nord. Ce fut dans l'intérêt de la France, que l'Angleterre se jeta dans tous les embarras de la Quadruple alliance, au péril de ses propres intérêts immédiats, et de ses relations extérieures. Notre gouvernement comptait sur une unité d'intérêts entre le souverain et le peuple de France, et si une telle unité avait existé, la Quadruple Alliance eût été à la fois sage et politique. Cependant, Louis Philippe, même tandis qu'il s'assurait les avantages qu'il recueillait de la politique généreuse et confiante de l'Angleterre, entretenait par sous-main des négociations avec les puissances du Nord, et jetait son alliée, dans une fausse position, qui a nécessité toute l'énergie et l'habileté du gouvernement Anglais pour en sortir.

Les affaires de Belgique fournissent une autre preuve de la loyauté avec laquelle l'Angleterre a cherché à s'acquiter des devoirs que lui imposait son alliance avec la France ; et de l'ingratitude dont le souverain de la France a payé de si importans services. Il faut chercher la clef de cette conduite dans la faiblesse morale de la position de ce souverain. Sans aucun puissant appui au dedans, son gouvernement ne peut exister par ses propres ressources, et il n'est soutenu des puissances étrangères qu'à la seule condition de réduire la France à un rang secondaire, en neutralisant son influence sur les intérêts de l'Europe, en soumettant la conduite de la politique française au contrôle d'une majorité de cabinets étrangers, en d'autres termes, en sacrifiant l'Angleterre aux intérêts du Nord.

La situation générale de l'Europe, et surtout l'état de nos relations en Orient, créent pour nous la nécessité d'un

allié actif et énergique, sur la puissance et la bonne foi du
quel nous puissions compter au moment du besoin. Les
intérêts bien entendus des deux pays se réunissent pour
indiquer la France comme cet allié, mais pendant les dernières trois ou quatre années son alliance nous a entièrement fait défaut, eu égard à l'état faible et chancelant de
son gouvernement, et l'on ne saurait nier que nous n'ayons
vivement senti cette défection. Il est donc à désirer pour
l'Angleterre, qu'un prompt changement s'opère dans la
politique de la France. Il est donc à souhaiter pour nous,
ou que le gouvernement de Louis Philippe triomphe de façon ou d'autre, de la résistance que lui opposent maintenant les partis hostiles, et que, terminant la crise présente
par un grand effort, il relève la France de son état actuel
d'abaissement, lui rende sa légitime influence dans les con-
seils de l'Europe, et que, en rendant l'appui du Nord inu-
tile à son souverain, il la ramène à l'alliance de l'Angleterre ; ou bien il est à souhaiter pour nous que ce gouvernement faible, passif et dépendant puisse avoir un terme,
que la crise présente soit décisive, qu'elle conduise à l'établissement d'un gouvernement différent, populaire en
France, et respecté des puissances étrangères. Tout résultat
intermédiaire quelconque est totalement incompatible
avec les intérêts de l'Angleterre, et de deux maux, il est
permis de douter si une nouvelle révolution en France ne
serait pas préférable à la prolongation d'un état de pénible
incertitude, qui contribue jour par jour à ajouter aux
complications de notre politique extérieure.

Si, toutefois, nos prévisions sont exactes, telles que nous

nous sommes efforcé de les développer, les évènemens
s'avancent avec une précision si évidente vers une grande
catastrophe, qu'il est temps de nous demander duquel des
partis qui divisent maintenant la France, nous devons souhaiter le triomphe, et avec lequel nous devons rechercher
une alliance, si, comme nous le pressentons, l'édifice actuel vient à s'écrouler. D'une république nous aurions tout
à craindre, et rien à espérer ; on ne pourrait mettre aucune confiance en sa durée, et il y aurait de la témérité à
apprécier l'influence qu'elle pourrait exercer sur les passions de notre population, dans un moment où le pays est
si agité par tant de questions irritantes de politique intérieure et coloniale. Le triomphe du parti républicain en
France entraînerait à sa suite beaucoup d'autres conséquences calamiteuses ; il pourrait provoquer en Angleterre une commotion populaire par laquelle tout l'ordre
public serait anéanti ; ou bien la crainte d'une telle commotion pourrait amener une réaction dans un sens diamé-
tralement opposé. Cette dernière hypothèse nous envelop-
perait probablement dans toutes les affreuses complications d'une guerre continentale, qui laisserait la Russie
tout à loisir d'effectuer la réalisation de toutes ses vues
d'aggrandissement en Orient. L'établissement d'une république en France ne peut donc être envisagé par l'Angleterre, sous aucun autre point de vue que celui d'une calamité nationale.

Si la légitimité était victorieuse en France, le résultat
n'en serait pas moins à notre désavantage. D'abord, il est
difficile d'imaginer le retour de la branche aînée des Bour-

bons sans l'intervention des armées étrangères , et par conséquent sans une série d'occurences qui conduiraient infailliblement à l'humiliation et à l'affaiblissement de la France, et à un dérangement complet de la balance existante du pouvoir. Une telle perturbation ajouterait probablement à la force des puissances du Nord, et le retour de la légitimité en France serait le triomphe de la Russie sur l'Angleterre. De plus, le retour des Bourbons n'offrirait aucun gage de stabilité, et nous serions sans cesse à la veille d'une nouvelle révolution.

L'Angleterre a donc à redouter, presque autant que la France elle-même , le triomphe de l'un ou de l'autre des deux partis extrêmes. La seule combinaison qui reste est celle basée sur l'élévation de la dynastie Napoléonienne, la seule qui ne fût pas hostile aux intérêts Anglais, et de laquelle, si nous réussissions à lui imprimer une direction favorable, nous pourrions espérer de retirer de nombreux et grands avantages. Si une telle combinaison résultait des évènemens qui se préparent, le gouvernement anglais, sous une administration Whig ou Tory, en reconnaissant le nouveau gouvernement de France, et en acceptant franchement son alliance, se fortifierait au-dedans, et acquerrait un immense ascendant sur l'opinion publique. On ne peut guère douter qu'une révolution accomplie en France au nom d'un Napoléon, ne reveillât bien des sympathies en Angleterre; un intérêt dramatique s'attacherait à cet évènement, et les commotions chez nous, résultat probable d'un triomphe républicain ou légitimiste, seraient évitées; et le gouvernement anglais, tant dans ses relations domes-

tiques que dans ses relations extérieures se trouverait af-
fermi, et serait en mesure de diriger les évènemens qui
pourraient survenir, au lieu de se laisser passivement entraîner par eux. L'alliance française, dans de telles circonstances, serait féconde en beaucoup d'autres avantages qu'il
n'est pas nécessaire d'indiquer ici; mais il ne faut pas ou-
blier que, pour faire servir à nos intérêts un triomphe Bonapartiste, il nous en coûtera des efforts et des sacrifices.
L'empereur de Russie surveille de près le parti, et lui té-
moigne mille marques flatteuses d'attention; déjà il lui a
donné un gage de son bon vouloir, en accordant la main
de sa fille au duc de Leuchtenberg. L'empereur fera tout
son possible pour attirer le parti Napoléonien dans ses intérêts, et dans cette vue il y a plus d'un objet d'ambition
française, qu'il se montrera disposé à favoriser. Il est un
fait que nous ne devons perdre de vue ; c'est qu'il existe
des souvenirs pénibles, capables d'aliéner les Bonapartistes de l'Angleterre. Ste-Hélène et Waterloo sont des noms
très-susceptibles de réveiller en France bien des sentimens
amers d'antipathie nationnale.

. Notre gouvernement, il faut l'admettre, a beaucoup fait
pour préparer le développement futur de la politique dont
il s'agit, en engageant le chef de ce parti, qui chaque jour
gagne en considération, à fixer sa résidence en Angleterre.
L'hospitalité qu'il y a trouvée pourra devenir le premier
pas vers une connexion entre les intérêts de son parti et
ceux de la politique anglaise. Nous nous réjouissons de
cette circonstance, laquelle, habilement et prudemment
utilisée, peut conduire à des résultats qui semblent ne de-

voir être un jour rien moins qu'indifférens pour la grande Bretagne.

Pour nous, il suffira d'avoir été le premier à exposer à nos concitoyens ce que nous croyons être l'énoncé clair et impartial d'une question qui grandit chaque jour en intérêt, eu égard à la situation particulière où la France est placée. Cette question, nous l'espérons, sera étudiée et approfondie en Angleterre, et plus on en fera un sujet de réflexion, plus la portée qu'elle peut avoir sur les intérêts de la Grande Bretagne, sera jugée importante ; loin donc de redouter la marche actuelle des évènemens en France, nos espérances et nos vœux sont, que la crise soit décisive, et qu'elle conduise aux résultats qu'elle nous fait pressentir.

**FIN.**